Idee, Design & Layout: PiT

Buchinhalt: Frei erfunden

Impressum

Herstellung und Verlag:
BoD - Books on Demand, Norderstedt
ISBN 978-3-7322-5120-9

© 2019 Pit Vogt

Männer Leiden / Kerle schweigen!

*Wie „Mann" sich
im fortgeschrittenen Alter
richtig verhält*

*Eine kleine,
nicht ganz ernst zu nehmende
Anleitung und Betrachtung*

6	*Vorwort / Feststellungen,*
21	*Männertypen / Auswahl,*
36	*Schwitze – Mann / Story*
40	*Clown sein / Song*
41	*Panik – Mann / Story*
46	*Ängste / Text*
48	*Depri – Mann / Story*
51	*Mit Fuffzich / Song*
55	*Männer – Leiden / Story*
59	*Was tut ein echter Kerl? / Auswahl*
65	*Schlusswort*
67	*Und Cut!*

Vorwort

Es mag sich wirklich wie ein Witz anhören, aber auch Männer sollen angeblich ein Klimakterium haben. Niemand konnte das bislang so richtig nachweisen, denn irgendwie sind Männer immer gesund und kräftig. Schon im Kindesalter bekommt man das ja gesagt. Und doch, es scheint wie eine Sage aus einer niemals stattgefundenen Zeit, es kommt gehäuft zu diversen körperlichen Reaktionen. Und neuerdings heißt es sogar, dass auch das starke Geschlecht über Hormone verfügen, Hormone, die sich irgendwann umzustellen erlauben. Obs so ist?

Ich habe an mir festgestellt:

- Vermehrtes Schwitzen, das plötzlich über mich hereinbricht,
- Panikattacken – wie aus dem Nichts,
- Jungen Frauen hinterherglotzen,
- Eine gewisse Rastlosigkeit,
- Selbstverwirklichung: Eine junge Frau?
- Der Drang, etwas ganz Neues auf die Beine zu stellen,
- Die Angst, irgendetwas im Leben verpasst zu haben,
- Lust auf wilde Sexpartys,
- Mit dem Sex klappts nicht mehr,
- Die Haare fallen aus oder/und werden grau,
- Burnout & Co.,
- Konsequentes Pflegen von Hobbys, Fußball und Autos,

Nun könnte ja jemand sagen, dass das ganz sicher auch Symptome sind, die jeder irgendwann und ir-

gendwie mal hat. Aber es ist doch letztlich das Alter, welches daran Zweifel aufkommen lassen mag. So scheint die 50 eine recht magische Zahl zu sein – und kein Mann will diese Zahl wirklich hören, geschweige denn -lesen-! Und so redet sich jeder Anfang-Fünfziger entschlossen ein, dass er niemals schwitzen wird und auch niemals so sein wird, wie eine Frau in den Wechseljahren!
Ein Mann hat so etwas nicht – nein – ein Mann hat so etwas nicht zu haben!
Was also kann ein Mann tun, um diese wirklich abgrundtief schwierigen Beschwerden irgendwie abzuwenden?

1. Schwitzen

Wenn Ihr plötzlich bemerkt, dass es Euch irgendwie heiß wird, dass sich erste Wasserbächlein über den Rücken ergießen und schließlich die Lage unerträglich wird, dann steht auf, wenn Ihr gerade sitzen solltet! Geht hin und her und denkt an die Zeit, als Ihr noch jugendlich und flott durch die Gegend gesprintet seid. Schaut Euch um und lenkt Euch ab! Denn nichts ist schwerwiegender als schweißgebadet auf dem Ort zu verharren, erschreckend zu bemerken, dass Euer Herz immer schneller rast und Ihr kaum noch Luft zum Atmen zu haben glaubt. Wischt Euch die bereits vorhandenen Schweißperlen von der Stirn und schaut nicht etwa in eine hektisch umherirrende Menschenmenge, schaut in den Himmel und freut Euch, dass Ihr lebt. Sagt Euch immer wieder, dass Ihr ja noch richtig agil seid und vielleicht sogar so halbwegs gesund! Flüstert unentwegt die Worte: „Ich kann es schaffen! Ich bin groß und stark und kann noch so viel erreichen!" Ja, dann seid Ihr auf dem richtigen Weg! Ehrlich, es ist alles wirklich nicht so schlimm!

2. Panikattacken

Wenn Ihr trotz aller Vorsichtsmaßnahmen dennoch spürt, dass Euch die Panik mehr und mehr vereinnahmt, dann bloß nicht lange zögern! Hier hilft drastische Ablenkung! Wichtig: Niemals in den Spiegel schauen oder gar an die Jugend denken, nein! Setzt oder stellt Euch auf ein Sportgerät und legt los! Gebt alles, denn das bringt den Körper in ganz neue und fordernde Schwingungen! Stemmt Gewichte und tretet in die Pedale, das jagt jede Panikattacke von dannen! Am besten, Ihr zieht Euch aus dabei, denn nichts beherrscht den Körper so, wie seine eigene Nacktheit! Rockt richtig ab, so lange, bis ihr kaum noch hicksen könnt, dann werdet Ihr die Panik verlieren – glaubt mir – ich habe das ebenso gemacht. Wenn Ihr dann so richtig k.o. seid, dann duscht mit kaltem Wasser, das mindestens 5 Minuten! Danach fühlt Ihr Euch echt wie ganz neu geboren und die Panik ist weg!

3. Jungen Frauen nachglotzen

Stellt Euch folgende Situation vor: Ihr hattet gerade Streit mit Eurer Liebsten und habt so richtig die Schnauze voll. Wutentbrannt seid Ihr aus der Wohnung -oder dem Haus- geflohen – da stellt sich doch stets die nicht unwichtige Frage: Wohin will ich eigentlich? Da kommt plötzlich wie aus dem Nichts eine junge, sehr gut aussehende Frau des Weges und wirft Euch einen kurzen, aber vielsagenden Blick zu. Ihr bleibt stehen und glotzt der Schönen ewig hinterher. Ihr könnt Euch gar nicht mehr ein bekommen – und manch einer scharwenzelt dieser jungen Erscheinung gedankenentrückt hinterher und erwacht erst vor der nächsten Kaufhalle wieder und fragt sich, wie er eigentlich dorthin gekommen sei.

Da hilft nur eins: Härte! Auf keinen Fall die Nerven verlieren, so nach dem Motto: Nach dem Streit mit der Alten kanns nicht schlimmer werden! Nein, hier muss Standhaftigkeit bewiesen werden, um dem vermeintlich „schwachen" Geschlecht klipp und klar anzuzeigen, dann man ja doch stärker ist und nicht wieder auf die weiblichen Reize hereinfallen wird! Das ist wirklich ganz wichtig fürs Selbstbewusstsein, denn nichts ist schlimmer als Selbstaufgabe, das geht wirklich gar nicht!

Also: Stehenbleiben, warten, bis die junge Schönheit aus dem Sichtfeld entschwunden ist, die Füße stillhalten und abwarten! Gleich kommt eine neue Idee und Ihr werdet überrascht sein, wie ausgeglichen Ihr plötzlich seid.

Nach diesem Anflug von Testosteron atmet Ihr ganz ruhig ein und wieder aus und schaut auf Eure Hände. Seid Euch bewusst, dass Ihr ein gestandener Mann seid, der in seinem Leben schon so viel überwinden musste, der auch in dieser schwierigen Situation die Oberhand behält und nicht nachgibt. Schließlich ist der Anfall vorbei und Ihr könnt ganz entspannt heimgehen. Ihr werdet sehen, dass sich plötzlich alles wie von selbst regelt und Eure Ehepartnerin wie ausgewechselt erscheint. Sie hat vielleicht Ehrfurcht und sieht, wie Ihr Euch unter Kontrolle habt. Am besten wäre es jetzt, wenn Ihr Eure Partnerin inniglich küsst und sie dabei mit nur einem Arm umfasst – das zeigt männliche Stärke und Überlegenheit. Danach wird

Euch Eure Partnerin anlächeln und vermutlich denken, wie sicher sie sich in Euren starken Armen fühlt.

4. Ratlosigkeit

Ist es Euch auch schon einmal so ergangen: Ihr steht vor einem Problem und wisst plötzlich nicht mehr, was Ihr tun könnt, um dieses Problem zu beseitigen? Ihr seid ratlos und vollkommen ohne Plan. Dann scheint alles nur noch diffus und verschwommen, Ihr fühlt Euch irgendwie schwach. Aber Ihr müsst wissen, dass das nur ein Trugschluss ist! Jeder ist mal ratlos und weiß nicht mehr weiter – das passiert öfter, als man es sich vorzustellen vermag! Da gibt's nur eine Devise: Abwarten, es kommt schon eine Idee, es dauert gar nicht so lang! Und dann gibt's auch eine andere These: Wenn sich alle Faktoren die Waage nehmen, dann ist meist die einfachste Erklärung die plausibelste! Das wäre dann in diesem Fall eben: Erst mal innehalten und ausruhen! Dann kommen schon die neuen Gedanken – ratlos ist niemand ewig – es ist eine überschaubare Zeit – sie geht also vorüber und hat auch nichts mit dem Alter zu tun!

5. Mit dem Sex klappt es nicht mehr so

Es kann durchaus sein, dass mir fortgeschrittenem Alter -manchmal auch schon eher- der Sex nicht mehr richtig klappt. Da passiert nix mehr, da will nichts mehr standhaft sein und der Reiz an so manchen Dingen, die früher so erregend waren, scheinen gänzlich dahin! Was sollte man da nur tun? Vorweg – ein Zauberrezept gibt's nicht! Und auch der Arzt kann da wenig tun! Sicher, es gibt Pillen, doch die sind nicht immer so gut für den übrigen Körper. Da sollte es doch schon irgendetwas anderes geben! Spannung in eine Beziehung lässt sich auch nicht erzwingen – entweder ist sie -noch- da oder eben nicht! Aber das heißt noch lange nicht, dass alles nun dahin ist! Und Männer, erzwingt es bloß nicht, das geht echt nach hinten los! Je mehr Ihr einem Zwang unterliegt und Euch sagt, dass Ihr jetzt unbedingt müsst, wird's nix! Die Enttäuschung und der Frust kommen dann auf jeden Fall. Und oftmals schleicht sich sogar eine Depression um die Ecke. Das muss wirklich nicht sein! Deswegen – stellt Euch dem Problemchen! Und sagt Euch, dass Ihr stark seid und das „Ding" schon packen werdet. Vielleicht denkt Ihr an Eure eigene Potenz und Eure Leistungsfähigkeit? Vielleicht ist auch folgende Handhabung ein Tipp: Sex am Morgen, kurz nachdem Ihr von einer tollen Frau geträumt habt. Da seid Ihr noch unter dem Einfluss der Traumfrau und könnt dementsprechend heftig reagieren. Oder aber Sex vorm Schlafengehen, also noch vor den Träumen. Da seid Ihr in Erwartung eines heißen Sextraums und stellt Euch Eure Partnerin entsprechend vor – dann seid Ihr schon heiß auf sie und Eure echte Partnerin wird es spüren. Zwischendrin wäre ein erzwungener Sex nicht ratsam und von wenig Erfolg gekrönt. Ausgenommen ist der Sex mit einer fremden Frau, irgendwo am Rande der Stadt. Aber die hat ja mit Eurer Partnerin nichts zu tun. Und noch was: Keine Handbücher verwenden, denn die beschreiben oft Krankheiten oder psychischen Stress, den Ihr angeblich habt. Den könnt Ihr, wenn noch nicht bekommen, aber spätestens nach Lesen eines solchen Buches bekommen – und dann klappt gar nichts mehr. Nein, einfach auf sich selbst besinnen, viele Dinge einfach so ausprobieren und cool bleiben!

6. Herzinfarkt, Prostataprobleme, Burnout

Hier kann ich Euch nur eines raten: Ab zum Arzt! Denn hier gibt's keine guten Tipps mehr, es wäre nur eine Hinhalte-Misere! Bei Burnout gäbe es vielleicht zu sagen, dass Ihr Euch bestenfalls nicht mehr mit zu viel Arbeit eindecken solltet. Das macht keinen Sinn und bringt Euch nur an den Rand aller möglichen Krankheiten. Auch diverse Wunder- und Zaubermittelchen helfen nicht oder nur bedingt. Sie machen Euch nicht glücklich und schon gar nicht gesund, höchstens arm! Stattdessen wäre eine Waldwanderung oder eine heiße Mountainbike-Tour angesagt! Die Natur birgt eine Menge Überraschungen und wirkt auf die Seele und Organismus regelrecht Wunder! Da gibt's keinen Ersatz! Probiert es aus und entdeckt die Welt wieder ganz neu! Ich habe das ausprobiert und bin echt dabeigeblieben. Ich bin viel ausgeglichener und entspannter geworden. Außerdem haben sich die Werte im Körper gebessert und mache Unzulänglichkeiten sind einfach weg! Also – Fazit: Wenn es nicht mehr geht, ab zum Arzt! Und wenn noch Spielraum ist, einfach mal zu Mutter „Natur" und die Echtheit von Leben erleben! Das bringt wirklich was!

7. Der Drang, etwas ganz Neues auszuprobieren

Manche Dinge und viele Pfade sind einfach alt und ausgetreten! Sie bringen Dich nicht mehr weiter und Du drehst Dich einfach nur im Kreis! Irgendwann fühlst Du das und willst ausbrechen! Nichts hält Dich mehr und Du driftest einfach ab! Auch Dein Umfeld nimmt das wahr und zeigt sich erschrocken. Sie wollen, dass Du so bleibst, wie Du warst. Aber Du kannst es einfach nicht mehr, willst letztlich nur noch weg! Dann zählt nur noch: Lass Dich nicht ändern und auch nicht aufhalten! Geh DEINEN Weg und nicht den der anderen! Es ist Dein Weg und es sind Deine Träume! Niemand sonst kann sie verstehen! Und niemand sonst wird sie Dir verwirklichen, nur Du kannst das tun! Deswegen geh ran und probier's! Und wenn jemand meint, dass irgendetwas nicht zu Dir passt, dann lächele ihn an und tu es trotzdem! Du hast wirklich nur dies eine Leben, diese eine Existenz und nur Du selbst kannst sie bestimmen! Nur Du allein kannst sie ändern oder eben nicht! Probiere Neues aus, wenn Du es so willst und verändere Dich, wenn Dir danach ist! Warte nicht, bis es zu spät ist – anderen wird nichts für Dich einfallen! Und – es ist erst zu spät, wenn wir tot sind! Also gebe diesem Drang eine Chance – mach mal was Neues und probiere Dich aus! Du bist ein Mann und bist stark! Beweise es, hab etwas Mut, tu es – jetzt!

8. Lust auf wilde Sexpartys

Hey, habt Ihr schon mal von wilden, ausufernden Sexorgien geträumt? Oder von Sex, der so gar nicht in Euer bisheriges Leben passte? Also ich meine, wenn nicht nur eine Hand Euren heißen schwitzenden Leib entlangstreichelt? Oder hattet Ihr schon mal Lust, gleich mit mehreren Frauen in einem Tigerkäfig Sex zu haben bis Ihr nicht mehr so fühlt? Tja, dann seid Ihr ganz sicher nicht allein mit diesen Gedanken. Denn viele Männer träumen sich in eine wilde Sex-Orgie hinein. Manche haben sogar allein nur guten Sex, weil sie ständig von solchen Orgien träumen und sich dabei richtig gehenlassen können. Ihr müsst immer wissen, dass das nichts mit dem fortschreitenden Alter zu tun hat, sondern ganz normal ist. Es ist sogar gut, wenn Ihr Euch mal richtig auslebt, mal das tut, was eben nicht in die so genannte „Norm" passt – man nennt das wohl auch Blümchensex. Seid einfach so, wie Ihr es wollt und tobt Euch mal richtig aus, dann klappts auch mit dem Sex daheim! Nein, das ist keine Anleitung zum Fremdgehen! Ihr könnt das alles zusammen mit Eurer Partnerin erleben – ganz ehrlich – Ihr werdet staunen, wie Eure Partnerin dazu steht. Vielleicht will auch sie sich mal richtig ausleben? Vielleicht will sie auch mal das Eis zerbrechen und den langweiligen Sex-Alltag hinter sich lassen? Vielleicht will sie auch mal was ganz anderes in Sachen „Sex"? Am besten wäre es, wenn Du mit Deiner Süßen in einen richtigen Nachtclub gehst, dorthin, wo es eben mal ordentlich zur Sache geht. Probiert es aus und erlebt, wie potent Ihr -noch- seid! Traut Euch! Macht einfach mal das, was Ihr sonst nie tut, was Ihr Euch sonst nie getraut habt, was Ihr aber insgeheim immer mal tun wolltet. Da muss niemand fremdgehen oder heimlich diverse Magazine wälzen, um sich vorzustellen, was wäre, wenn! Seid ganz ehrlich und vor allem offen zu Eurer Partnerin, sagt Ihr, was Ihr wollt und schlagt vor, was Ihr denkt. Dann frischt das die Ehe oder die Partnerschaft vielleicht ganz neu auf! Vorschlagen könnte ich Euch: Sex zu dritt oder mehr, Sekt-Schaum-Partys, Domina-Studio-Besuche, andere Nachtclubs, etc. Einfach nur raus aus dem Alltag!

9. Die Angst, irgendetwas im Leben verpasst zu haben

Ist es Euch schon einmal so ergangen, dass Ihr im TV einen Star gesehen habt und Euch plötzlich klar wurde, dass Ihr im Leben irgendetwas verpasst habt? Ihr werdet nachdenklich und fühlt Euch gar nicht mehr so gut wie eben noch – stimmts? Ja, dann seid Ihr auch damit nicht allein! Dahinter verbergen sich unerreichte Träume und Sehnsüchte, die Ihr nie verwirklicht habt. Es sind Hoffnungen, die in Euch sind, die Ihr aber nie ausgelebt habt. Aus diesen Hoffnungen und Sehnsüchten, die Ihr Euch oftmals und im fortgeschrittenen Alter kaum noch erklären könnt, erwächst oftmals Angst und Unsicherheit. Auch das kann sich bis zu einer Depression auswachsen. Ich kenne das, habe innerlich gehadert und mir vorgestellt, was wäre, wenn ich das getan hätte. Tja, da gibt es nur einen Weg: Raus aus den Träumen und etwas tun, von dem Du glaubst, Du kannst es! Besinne Dich einfach auf das, was Du kannst, was Du am besten kannst und setze es um! Dazu bist Du nie zu alt! Du hast erst etwas verpasst, wenn Du auf dem Sterbebett liegst und weißt, dass Du es hättest tun können! Also, heule nicht diesen Gedanken hinterher, sondern tu etwas! Im Leben hat man viele Möglichkeiten und kann sich immer neu entdecken, neu erfinden, neu ausprobieren! Los Männer, werft Eure Ängste ab und probiert Euch aus! Es ist so weit, es endlich zu tun! Stürzt Euch beim Bungee-Jumping irgendwo in die Tiefe, steigt mit einem Segler auf oder singt auf einer riesigen Bühne irgendeinen verrückten Song! Los, ran die Dinge, sie sind da und wollen entdeckt werden! Die Welt da draußen wartet nur auf Euch!

10. Die Haare fallen aus und/oder werden grau

Vorm Spiegel an irgendeinem trüben Tag: „Hilfe, meine Haare gehen mir aus!"

Da hilft kein Schreien und auch kein Kopf-in-den-Sand-stecken! Da hilf nur noch: Augen zu und durch! Als ich das bemerkte, war ich zuerst stocksauer, dann wütend und schließloch verzweifelt. Als ich in den späteren Jahren aber sah, dass man mit grauen Haaren auch noch erträglich aussehen kann und mit Glatze noch sexy sein darf, wurde ich selbstbewusster. Hier zählt nur eines: Das Beste draus machen – und natürlich das Beste aus der Sache rausholen! Und schon macht Ihr Euch bewusst, dass Ihr jemand seid und gar nicht so schlecht in dem seid, was Ihr könnt. Es sind nämlich nicht Haare, die da grau werden oder sogar ausgehen. Nein, vielmehr ist es die Angst, der Welt nicht mehr zu gefallen oder Eurer Partnerin nicht mehr zu genügen. Immer schwingt so eine Art Versagensangst mit und macht Euch richtig fertig! Lasst das nicht zu und entdeckt Euch auch hier wieder ganz neu! Wenn also die Haare mehr Gesicht freigeben, dann zeigt auch Euer Gesicht! Zeigt, dass Ihr mit der Sachlage ganz gut klarkommt – dann schindet Ihr Eindruck und seid auch bei Eurer Partnerin wieder der Mann ihrer Träume, wirklich! Geht einfach raus unter die Leute, zeigt Euch so, wie Ihr seid und haut mächtig auf den Putz! Dann werdet Ihr mehr Anklang finden, als Ihr Euch jetzt vielleicht denkt.

No Go: Perücken, komische Haarteile, das dünne Haar von einer Seite auf die andere kämmen oder sich ganz und gar verstecken, nein, niemals! Das wäre echt total schlecht! Außerdem sieht das auch noch blöd aus und wirkt irgendwie weichlich und weibisch. Seid echte Kerle und rasiert Euch die dünnen Haare weg! Eine Glatze hat echt was und wirkt bei so mancher tollen Frau. Dann gibt's auch noch Beanies, die Euch jünger machen und Basecaps, die Euch sportlich wirken lassen. Gebt der Natur eine Chance und seid gestandene Kerle, es lohnt sich, echt!

Wenn dein Spiegel dir zur Wahrheit
Wenn das Hirn dir zeigt manch´ Klarheit
Wenn der Schweiß dir rinnt in Strömen
Wenn die Haare nicht mehr wehen
Wenn du jenseits bist der Fünfzig
Lebst du gar nicht mehr so gründlich

Wenn die Partnerin davonrennt
Mit ´nem anderen des nachts pennt
Wenn die Stimmung dir abhanden
Deine Ruhe nicht vorhanden
Wenn du glaubst, nichts mehr zu schaffen
Dann hör auf, ins Nichts zu gaffen

Wenn du jenseits alles Träume
Wenn dir platzen Hosensäume
Wenn du alt dich fühlst und blöde
Wenn du schwach dich fühlst und träge
Wenn dich einhüllt Schmerz und Trauer
Raff dich auf
Und werde schlauer

Auch im Alter gibt's noch Jugend
Mach aus deiner Not ´ne Tugend
Los, rasier die letzten Haare
Glatze bringt die besten Jahre
Sei ein Mann
Du kannst was geben
Und beginn ein neues Leben

11. Selbstbestätigung: Eine jüngere Frau?

Natürlich ist es möglich, dass die Ehe nicht mehr funktioniert. Und natürlich kann es auch sein, dass Du unzufrieden bist, Deine Frau nicht mehr verstehst oder gar überhast. Es kann auch sein, dass sie diejenige ist, die sexuell kalt ist. Auf jeden Fall stelle Dir die Frage: Bin ich vielleicht am Abflachen der Ehe beteiligt? Meistens ist das so, aber es kann auch sein, dass eben beide Partner die Lust aufeinander im Alltagsleben einfach verloren haben. Da siehst Du sie, diese junge Frau, die makel- und faltenlos, frisch und flott, gut duftend an Dir vorüberschwebt. Du siehst ihr lange nach und begreifst auf einmal, dass Du sie haben willst! Du rennst ihr nach und sie dreht sich nach Dir um. Sie lächelt Dich verführerisch an und haucht die Worte: „Du schwitzt so, ist Dir heiß?" in Deine Ohren. Dabei lehnt sie sich so dicht an Dein Gesicht, dass Du sie einfach küssen musst. Und nun kommt es so, wie es eigentlich nie kommen durfte: Deine Frau hat es gesehen! Nun gibt's Krach und Du weißt nicht, wie Du er erklären sollst. Jedes Wort scheint eine Ausflucht und jeder Satz von Dir erscheint wie zynischer Hohn. Deine Frau stellt Dich vor die Frage: Entweder weg mit der Fremden oder Scheidung! In diesem Augenblick begreifst Du, dass es wohl doch nicht so einfach ist, etwas anders zu machen. Du willst nachgeben, kannst es aber nicht, denn da ist diese junge Frau mit ihrem Schwung und ihren flotten Ansichten. Ihr wallendes langes Haar hat Dich verzaubert und Du willst nur noch ins Bett mit ihr. Jetzt brauchst Du Selbstbestätigung – kannst Du eine solch bezaubernde Schönheit noch beeindrucken? Hast Du noch diese Manneskraft, sie zufrieden zu stellen und mit ihr zu schlafen? Du weißt es nicht und fühlst aber, dass Du es willst! Du willst es so sehr, dass Du es schließlich tust. Und diese junge Frau macht einfach mit. Auch sie will einen Mann, einen erfahrenen Mann, der sich um sie bemüht – das schmeichelt ihr sehr. Aber was ist mit Deiner Ehe? Die scheint wohl sehr weit ins Hintertreffen gekommen zu sein, denn Deine Frau hat keinerlei Macht mehr über Deine Gefühle. Du hast diese Macht nicht einmal mehr selbst! Du bist nur noch bei dieser fremden Frau, kennst gerade mal ihren Vornamen, mehr nicht. Du weißt nichts über sie und schwärmst dennoch von ihrem Charme. Du willst mit ihr leben und sie will es auch mit Dir. Aber wie wird das werden? Schon tauchen Schwierigkeiten auf: Wird das Ganze funktionieren? Und da ist noch Deine Ehe – Du bist noch nicht geschieden! Wird Deine Frau auf Dich verzichten? Eines Tages kommst Du von Deiner Geliebten nach Hause und beobachtest aus der Ferne, wie Deine Frau in den Armen eines schwarzhaarigen jungen Bodybuilders versinkt. Er küsst sie und umarmt die dann. Schließlich steigen beide in seinen schwarzen Sportwagen und brausen an Dir vorüber – einfach auf und davon! Und auf einmal wird Dir klar, dass Du der Verlierer bist! Du hast Deine Frau verloren, Deine Ehe und den Menschen, der Dich noch verstanden hat. Er ist fort und am nächsten Tag ist auch Deine Freundin nicht mehr da. Sie studiert nun in Boston und hat einen neuen Freund, einen jungen Mann, der Amerikaner ist. Und Du? Willst Du eine neue Frau? Willst Du allein leben? Du spürst, dass Du das gar nicht mehr kannst. Längst hast Du Dich an Deine Frau, an deren Stimme und ihr Parfum gewöhnt. Sie hat Dir das Essen gemacht und geschimpft, wenn Du mal zu spät aus der Garage kamst. Sie hat Dir Deine Schlafanzüge gekauft, die alle irgendwie gleich aussahen und hat das Licht ausgemacht, wenn Du mal wieder vorm Fernseher eingeschlafen warst. Und jetzt? Jetzt ist sie fort – und Dein gewohntes Leben auch! Was soll nur werden?

Eine fiktive Lösung:

Suche Deine Frau und stelle sie zur Rede. Erkläre ihr, wie es in Dir aussieht und bring ihr nur ja keinen Blumenstrauß, das fasst sie sonst als Beleidigung auf – sie hält dich dann für einen Weichling, den sie niemals wollte! Ziehe Dich sportlich an und zeige, dass Du hart im Nehmen bist. Mache einen Vorschlag und lasse sie dann erst einmal allein. Sie muss nachdenken, gib ihr die Zeit. Rennen ihr nicht hinterher und labere sie nicht zu. Das hat nur Ablehnung zur Folge. Beleidige auch nicht ihren Freund, diesen Kraftprotz, der so gar nicht zu ihr zu passen scheint. Erwähne ihn nicht, rede von Eurer Ehe, von den guten Tagen. Aber sage auch, was Dir nicht gefallen hat. Frage sie, was Du anders machen solltest. Und dann geh heim und erledige das, was Du ihr schon vor Jahren versprochen hast. Sag es ihr nicht, denn sonst schöpft sie Verdacht, Du könntest sie damit nur ködern. Mach Dich unwiderstehlich, kleide Dich jugendlich, aber nicht zu albern. Kehre Deine Männlichkeit heraus und sei doch verständig Frauenangelegenheiten gegenüber. Mache alles etwas anders als damals, dann könntest Du Erfolg haben. Aber raste nicht aus, wenn es erst einmal nicht klappt, denn schließlich hast Du sie ja betrogen! Gib ihr etwas Zeit, viel Zeit, denn nur so heilen alte Wunden.

Und jetzt kommen wir zu den Männertypen! Keine Angst, es ist keine genaue Bezeichnung, eher eine nicht ganz ernst zu nehmende Einschätzung aufgrund diverser Erfahrungswerte.

Baumwollhosentyp	Meist etwas älter, oftmals mit gescheiteltem oder gekämmtem Haar, bei Glatze kämmt dieser Typ den Haar-Rest von einer Seite zur anderen und wirkt sehr gebildet oder altklug, seine Stimme kann dünn und leise, aber wichtigtuerisch sein,
Baumwollhosentyp Light	Ebenso wie oben, aber mit vorzugsweise rosa Hemden und Schlag in der oftmals grauen Baumwollhose,
Altmodischer Typ	Trägt oft längst unmoderne Kleidung und legt keinerlei Wert auf Neuanschaffungen, seine Ansichten erscheinen wie aus dem letzten Jahrtausend und sind nicht erneuerbar, er liebt sich weder selbst noch seine Ehefrau, kann jünger oder älter sein, seine Stimme hört sich oft etwas deprimiert an,

Modischer Typ	Trägt die modernste Männermode und ist immer auf dem Sprung, das Neueste irgendwo zu ergattern, für Frauen ist das Zusammenleben mit diesem Typen sehr schwierig, er sieht sich meist nur selbst, seine Stimme ist süßlich und bestimmend, er kann aber auch sehr mitreißend sein – aber nur, wenn seine Gier nach Mode im Moment befriedigt ist,
Modischer Typ Light	Wie oben, aber oftmals schwul und hinter jedem Mann her, auch hier ist ein Zusammenleben sehr problematisch, seine Stimme wirkt oft fraulich und dünn,
Jeanstyp Hard	Ein eher harter und bedingungsloser Mann, der wenig Kompromisse eingeht, er trägt vornehmlich Jeans, die oftmals zerrissen sind und lottrig aussehen, seine Jeanshemden trägt er weitgehend offen, knöpft sich gern auf und zeigt gern seine männliche Brust, oft trägt er weit ausgeschnittene T-Shirts, er läuft ziemlich kantig und trägt gern schwarze Sportbrillen, Frauen Vorsicht: Er

	hat einen großen Verschleiß, weil er auf Selbstbestätigung aus ist, er liebt sich oft selbst und will der Beherrscher sein, Sexuell ist er absolut dominant und kann Frauen schnell zufrieden stellen, Ab und an trägt er auch schwarze Lederjacken und schwarze Boots, dieser sagt, wo es langzugehen hat, er ist der Porschetyp,
Jeanstyp Light	Wie oben, aber geht auch Kompromisse ein, er bleibt gern bei einer Partnerin und trägt auch normale Lederschuhe und Lederjacken, Sexuell erscheint er manchmal etwas wankelmütig und lässt gern seine Partnerin entscheiden, dennoch ist er ein leidenschaftlicher Liebhaber und küsst sehr gern, er kann kochen und geht gern zum Gottesdienst, er muss nicht unbedingt ein Auto haben, kann aber fahren,
Leder-Typ Hardcore	Dieser Typ zieht ausschließlich schwarzes Leder an, die Lederhosen trägt er sehr eng und manchmal hat er unter der Jacke ein weißes T-Shirt, er ist kurz angebunden und

	ohne Kompromisse, seine Stimme ist herb und sehr rau, er ist der absolute Chef im Ring und duldet keine Widersacher, er kann kämpfen und setzt sich schnell durch, sexuell ist er absolut dominant und ziemlich hart, manche gehen auch in Domina-Studios, er trägt oftmals einen Bart, auch Vollbart und hat die Haare abrasiert – er liebt Glatze, er trainiert sehr gern und auch sehr oft und hat einen beachtlichen Bizeps, muss jedoch nicht immer so sein / Achtung: Verträgt sich nicht mit dem Baumwollhosentyp / er trinkt gern Bier und harte Sachen, keinen Likör, man kann mit ihm reden, aber wenig erfolgreich verhandeln, er ist der absolute Macher,
Leder-Typ Motorrad	Wie oben, nur, dass er Motorrad-Lederjacken und Motorrad-Lederhosen trägt, er liebt seine Harley oder sein Motorrad über alles und zieht oftmals mit einer Motorradgang durch die Lande, von seiner Partnerin erwartet er, dass sie mit ihm zieht,

Der Schönling	Der Schönling sieht nur sich selbst oder den Spiegel, der vor ihm hängt, er trägt modische Kleidung, aber so, dass er immer auffällt, er liebt sich selbst und lässt kaum Fremde an sich heran, das Zusammenleben mit ihm ist oft schwierig, seine Stimme klingt lebensbejahend und lustvoll, schwingend und wichtig,
Der Politikertyp	Ein etwas wichtigtuerischer Lebemann, der aber auch zurückhaltend erschein kann, oftmals wirkt er unbeholfen, hat oftmals eine Hand in der Hosentasche, vornehmlich trägt er Anzüge und Mäntel, was aber nicht Bedingung ist, vor Menschen tritt er entschlossen und wirtreich auf, will sich gern erklären und hat viel zu sagen, das Zusammenleben mit einem solchen Mann kann anstrengend sein,
Der Sportlertyp	Ein trainierter und sportbegeisterter Mann, der nicht viel reden will, er trainiert sehr oft und sehr hart, er ist sehr muskulös und legt sehr viel Wert auf seine Leis-

	tungsfähigkeit, sexuell aber ist er oft nicht ganz potent und erlahmt schnell, dennoch ist er ein leidenschaftlicher Liebhaber und unternimmt sehr viel, seine Stimme ist hart und bestimmt, er weiß, was er will und geht ran, er traut sich viel zu, manchmal etwas zu viel, manche Männer diesen Typs neigen zu Missbrauch von diversen Mitteln, die den Muskelaufbau fördern, er fährt gern Rennrad und wandert oft durch unwegsames Gebiet, eine Partnerschaft kann schwierig sein, aber auch sehr leidenschaftlich und vielseitig,
Der Alkoholiker-Typ	Dieser Mann sieht nur den Alkohol, er trinkt, um sicherer zu werden, er ist oft unsicher und ängstlich, er ist schon tagsüber blau und kann dies oftmals sehr gut tarnen, seine wahren Gefühle zeigt er nicht, er braucht den Alkohol, um sich eine Traumwelt zu erschaffen, in der er dann lebt, oftmals ist er ein Fantast ohne jegliche Realität, eine Partnerschaft ist sehr kompliziert, da Ehr-

	lichkeit und Aufrichtigkeit nicht seine Metiers sind, wenn er seine Entzugserscheinungen hat, wird das Zusammenleben zur Tortur, er legt wenig Wert auf Äußeres und denkt nur daran, die nächste Flasche zu bekommen, die er leeren kann,
Der Angst-Typ	Ein ängstlicher und panischer Typ, der sich wenig zutraut, manchmal hat er sehr gute Vorsätze, auch gute Ansätze, doch kann diese dann nicht umsetzen, oft scheint er krank oder kränklich und sehr zurückhaltend und schüchtern, seine Garderobe wirkt von Gestern und passt oftmals nicht zusammen, er macht kleine Schritte und spricht leise und stockend, sexuell ist er kaum wahrnehmbar und traut sich nicht viel zu, Abenteuer kann man mit ihm nur selten erleben, wichtig ist ihm, einen Arzt in seiner Nähe zu wissen, er sieht oft blass und karg aus,
Der Fremdgeher	Ein durchaus attraktiver Kerl, der sexuell sehr dominant wirkt, er trägt gern lila

	Hemden, was ihn aber nicht unbedingt kennzeichnet, oft trägt er Baumwollhosen, aber auch Jeans, die manchmal so gar nicht zum restlichen etwas langweilig wirkenden Outfit passen wollen, überhaupt ist seine Kleidung manchmal etwas altmodisch, er sucht sich gern Frauen aus, die er schnell fürs Bett gewinnen kann, ist er verheiratet, lügt er viel und flunkert seiner Frau diverse Märchen vor, er ist nicht sehr unternehmungslustig, nur im Fall einer neuen Liebschaft, beruflich ist er eher ein gehorsamer Angestellter, der nie viel von sich gibt, er ist kein Aufreißer, aber ein leidenschaftlicher und ausdauernder Liebhaber,
Der Potente	Ein kantiger unrasierter Jeanstyp, der männlich und herb rüberkommt, er trägt gern schwarze Sonnenbrillen und enge Jeanshosen mit Löchern, sehr gern treibt er es an Orten, wie z.B. Fahrstühlen, Autos, Aussichtsplattformen oder Hinterhöfen, er ist ein schneller Typ, der ziemlich rasch zum Hö-

	hepunkt kommt, er küsst heiß und heftig und entkleidet sich nicht vollständig beim Sex, beruflich ist er oftmals unterwegs und durchaus erfolgreich, er kann eigentlich immer und ist dabei sehr potent, sein Leben richtet sich auf schnelle Nummern aus, weniger auf häusliche Gemütlichkeit, er hat zwar Geld, ist aber auch oft abgebrannt,
Der Schnauzbarttyp	Dieser Mann ist recht adrett, trägt einen dichten Schnauzbart, darum herum ist sein Gesicht jedoch ausgiebig rasiert und glatt, er trägt modische Kleidung, weniger Jeans und selten Leder, viel Wert legt er auf häusliche Gemütlichkeit mit Frau und Kind, er liebt moderne Küchen, kann ein bisschen kochen und führt einen stinknormalen Mittelklassewagen, sexuell achtet er auf die althergebrachten Positionen: Oben der Mann, unten die Frau, er braucht seinen Verein und einen gutbürgerlichen Job, in dem er sich immer weiter nach oben dient, er ist nicht der Typ, mit dem

	man Abenteuer erleben kann, was allerdings nicht immer so sein muss,
Der Nachtclubtyp	Es ist ein Mann, der wenig Kompromisse zulässt, er zieht erst nachts los und lebt gegen die Uhr, er trägt gern ausgefallen Garderobe, kann aber auch in knallengen Jeans oder schwarzem Leder auftreten, er raucht viel und gern und trinkt an der Bar gern Whisky und Scotch, so richtig wohl fühlt er sich nur in einer Nachtbar, das aufregende Flair eines Nachtclubs regt ihn an, dort hat er richtig guten Sex mit mehreren Partnerinnen, er ist Liebhaber aller möglichen Sexpraktiken und ist sehr potent, manche Vertreter dieser Gattung sind selbst im Nachtbar-Geschäft tätig, manchmal verbirgt sich auch ein Zuhälter hinter einem solchen Typen, er liebt schwarze Sportwagen mit sehr viel PS, auf lange Diskussionen lässt er sich niemals ein, Partnerschaften sind zwar möglich, doch sehr kompliziert und bedingungslos, sein Gesicht kann verdeckte Narben tra-

	gen, ist aber oft kantig und scharf geschnitten, sein Wesen ist herb und männlich, sehr hart und kompromisslos, er ist zwar ein Macher, doch von Haushalt und Häuslichkeit hat er absolut keine Ahnung, eine Affäre mit diesem Mann hingegen kann sehr aufregend sein,
Der Killer	Dies ist ein Mann, der äußerlich unscheinbar wirkt, doch innerlich sehr gefährlich ist, er nimmt sich Frauen ins Visier, die er später umbringen will, oftmals handelt es sich um einen so genannten Verlierer, der nie viel Geld hatte, aber dennoch gern im Rampenlicht stehen würde, manche dieser Killer planen ihre Morde und führen sie in voller Absicht durch, sie wollen einen anderen Menschen besitzen, wollen zeigen, dass sie mit ihm tun können was sie wollen, sie spielen gern „Katze und Maus" mit der Polizei, allein, um interessant und mächtig zu wirken, sexuell können diese Typen ziemlich hart sein, ihre Kleidung wirkt jedoch oft wenig modisch

	und erscheint sogar langweilig und trist, psychisch erscheinen diese Männer teils labil und wirr, dann wieder systematisch und durchdacht, es handelt sich hier um einen schwierigen Typen, der partnerschaftlich einerseits unauffällig sein mag, andererseits doch untauglich ist,
Der Aufschneider	Hier ist es ein Typ „Mann", der nie das zeigt, was er wirklich ist, er gibt stets an, tut so, als sei er absolut wichtig und sehr reich, er will jemand sein und gibt das überall bekannt, er will andere Menschen beeindrucken und lügt, um sich vor Fremden interessant zu machen, man glaubt ihm oft, was er vorbringt, denn sein Auftreten und seine Wortgewandtheit sind beeindruckend und überzeugend, dennoch ist er unglücklich und nie zufrieden mit seinem Leben, sexuell ist er oft lahm und schwächlich, was sich nicht mit seiner Angeberei decken will, er liebt sich zwar, doch auch wieder nicht, seine Kleidung ist oft modisch und

	teuer, weil er zeigen will, was er sich angeblich leisten kann, er fährt teure Autos, die er sich zusammengeschachert und erlogen hat, oft lebt er nur für seine Umwelt, er selbst bleibt aber gefühlsmäßig und beruflich auf der Strecke, er trinkt gern Champagner und Liköre, treu ist er selten, kehrt aber gern den Familienmenschen heraus,
Der Nudist	Dieser Mann will sich zeigen, aber nicht bekleidet, sondern nackt, überall und vor allem in der Öffentlichkeit will er sein bestes Stück vorzeigen, auch seinen Körper liebt er sehr und will ihn präsentieren, daheim läuft er gern nackt umher und will immer und überall Sex mit seiner Partnerin praktizieren, der Nacktbadestrand reicht diesem Typen längst nicht mehr aus, er will nackt durch die Straßen ziehen und nackt auf die Bühne steigen, alle sollen ihn so sehen, wie ihn Gott erschaffen hat, selten hat er Komplexe, dass man über ihn lachen könnte oder seinen Bauch als „zu dick" empfinden mag, er fährt

auch sehr nackt mit dem Fahrrad und sitzt oftmals unbekleidet am Steuer seines Wagens, in der Partnerschaft ist eine gleichgesinnte Partnerin sehr empfehlenswert, denn ein anderes Zusammenleben ist kaum vorstellbar, Mode ist ihm egal, er zieht sie eh nicht an,

Alle geschilderten Typen gibt es auch als Hund- oder Katze-Version – das heißt, sie lieben Tiere.

Solltest Du einen Typen vermissen, so schreibe uns, dann ergänzen wir die Liste sofort.

zu heiss?

Schwitze – Mann

Ist da irgendetwas anders? Ich konnte es mir einfach nicht erklären. Schweißgebadet saß ich im Wartezimmer des Arztes und war doch eigentlich nur wegen meiner Blase da – es war nämlich der Urologe. Wie erstarrt hielt ich mich mit meinen Blicken an den leicht grinsenden Gesichtern der anwesenden Mittsechziger Frauen-Generation fest und wusste nicht so recht, ob ich gehen sollte oder bleiben. Wieder wurde jemand aufgerufen. Und ich war erleichtert- wieder war es eine Frau weniger, die mich diebisch froh vor innerer Erleichterung musterte. Ich zählte die Anwesenden: Es waren noch genau zehn Leute, darunter zwei junge Männer, die sich wohl nicht vorstellen konnten, was da gerade in mir vorging. Ich wusste es ja selbst nicht so genau. Und ich konnte niemanden fragen, denn alles war verrückt und natürlich auch unterschwellig verboten. Schließlich konnte ich nicht über etwas sprechen, worüber seit tausenden von Jahren niemand sprechen durfte. Aber das Gefühl war dennoch da und es wurde immer stärker – von Tag zu Tag und von Stunde zu Stunde! Irgendwie war ich ja glücklich, dass ich nicht in irgendeinem Vortrag sitzen musste. Beim Arzt hatte man wenigstens noch die Option, einen erfundenen, eventuell vergessenen Termin zu schaffen. Ich wollte jedoch bleiben und hielt die Hitzewellen aus. Dennoch wunderten sich die männlichen Patienten, dass ich einen Pullover nach dem anderen abstreifte. Und dass bei dieser Kälte draußen, und der vermutlich ausgefallenen Heizung im Raum. Und wieder wurde jemand aufgerufen. Meine Unsicherheit wich einer gewissen Angst, nie mehr dieses vermaledeite Wartezimmer verlassen zu können. Meine Ängste wurden von immer neuen Patienten, die die Arztpraxis betraten, gestärkt. Nervös rutschte ich von einer Pobacke auf die andere und wusste nicht so genau, ob ich mich nicht vielleicht für zehn Minuten auf das rettende Klo flüchten sollte. Ich tat es und spürte die verachtenden Blicke der Zurückbleibenden. Vorm Spiegel wischte ich mir erst einmal die Schweißperlen von Stirn und Nase und rieb mir mit meinen nunmehr zittrigen Händen die Augen. Ich schob mein Gesicht ganz dicht an die Spiegelglasscheibe und spürte, wie die heiße Luft, die mein Körper erzeugte, das Glas unheilvoll beschlagen ließ. Als die Tür zur Toilette aufgerissen wurde, wusch ich mir zum Schein die Hände und hoffte inständig, dass der eintretende junge Mann nichts von meinen albernen Aktionen am Spiegel bemerkte. Dann verzog ich mich zurück ins Wartezimmer, wo noch immer wenig Schwund zu bemerken war. Ein wenig erleichterter und für kurze Zeit nicht mehr schwitzend nahm ich auf meinem noch warmen Stuhl Platz und schlug vielsagend die Beine übereinander. Als es langsam wieder heiß wurde, und nach einer weiteren gefühlten Stunde, fasste ich den dramatischen Entschluss, die Praxis unverhohlener Dinge zu verlassen und an einem anderen Tag wiederzukommen. Doch dann, ich konnte es nicht glauben, es war wie ein Wunder, die Schweißattacken waren weg! Angenehme Kühle durchdrang meinen eben noch glühend heißen Leib und ließ mich aufatmen. Hoffentlich hielt ich durch und konnte den anwesenden Damen beweisen, dass ich ein echter Kerl war, der was vertrug und so einiges wegstecken konnte. Und für ungefähr dreißig Sekunden gelang mir das auch. Aber plötzlich wurde mein Name aufgerufen! Ich fuhr zusammen, starrte die mich umgebenden Personen Hilfe suchend an und wollte eigentlich gar nicht weg. Doch ich musste es und erhob mich wie ein stark gealterter Professor, der sein umfangreiches Wissen niemandem preisgeben wollte. Die überaus nette, leider viel zu junge Schwester bat mich, vor dem Arztzimmer kurz zu warten. Sie lächelte so seltsam und mir schwante bereits, dass sie mich für ihren umständlichen Vater hielt. Ich rollte genervt mit den Augen und fühlte so etwas wie Panik. Meine schlechte Laune durfte allerdings keineswegs auf diese überfreundliche Zeitgenossin überspringen. Und so zwang ich mir ein hilfloses Lächeln ab, welches aber nicht so recht zu glücken schien. Denn die aufgeweckte junge Frau wandte sich ab und kümmerte sich um eine aufgezogene Spritze. Ich ahnte noch nicht, dass sie dieses Ding in wenigen Augenblicken in meinen Oberarm rammen würde. Als sie mich bat, den rechten Ärmel meines bunt geringelten Hemdes ein wenig nach oben zu streifen, erschrak ich total. Doch ihre warmherzigen Blicke ließen mich wieder ruhiger werden- und den Akt der Blutabnahme geschehen. Leider kam ich noch immer nicht zur Ruhe, denn in der Magengegend drückte es sehr gefährlich und eine heftige Schwindelattacke vernebelte mir die Sinne. Ich glaubte, mich in der Gondel eines sich schnell drehenden Kettenkarussells zu befinden und konnte nur mit größter Beherrschung die Frühstückssemmel zurückbehalten. Die Schwester erkundigte sich besorgt, ob ich den Stich der Spritze gut überstanden hätte. Und ich riss mich wieder einmal zusammen und sagte freudestrahlend, dass ich mich bestens fühlte. Tief in mir drin jedoch hoffte ich, dass der gesamte Arztbesuch bald sein verdientes Ende finden möchte. Als sich die Tür des Arztzimmers ganz langsam und irgendwie vorsichtig öffnete, schien mein Wunsch in Erfüllung zu gehen. Der Kopf eines Mannes in den besten Jahren schob sich durch den schmalen Spalt und ich fühlte mich blendend. Vorbei die Schweißattacken, vorüber die Übelkeit und die schlechte Laune, denn erhabene Erleichterung machte sich wohltuend in mir breit. Es war der Arzt, der mich mit zaghafter Stimme in sein Zimmer bat. Und dieser Arzt gab mir wieder Selbstvertrauen. Denn er musste ungefähr so alt sein wie ich – ach, und er schwitzte ganz vorzüglich, hatte bereits alle Fenster seines Zimmers weit aufgerissen. Und während er sich mit seinem linken Arm die Schweißperlen von der Stirn wischte, fragte er mich leicht genervt, ob mir vielleicht kalt sei und er die Fenster wieder schließen sollte. Ich lächelte ihn mitleidig an und verkündete dann wohlwollend, dass es mir bestens ging und er das Fenster getrost offenlassen könnte.

Clown sein

Sei doch einfach mal ein Clown
Kannst doch lachen über dich
Lache über Geld und Traum
Und sei einfach mal ein Clown
Lachen hält so herrlich frisch

Lass die schweren Zeiten los
Ändere dich
Nicht diese Welt
Mach dein Leben wieder groß
Leg die Hand nicht in den Schoß
Tu nur das, was dir gefällt

Wenn die Stimmung auch mal schlecht,
geh hinaus und freue dich
Mach es bloß nicht allen recht
Sei ein Clown, sei einfach echt
Und verwöhn dich königlich

Zieh dich doch nicht so zurück
Denn du bist gar nicht allein
Menschen gibt's so viel am Stück
„Leben" heißt das wahre Glück
Solltest wie ein Clown stets sein

Ganz egal, wies kommen mag,
Nimm das nicht so tonnenschwer
Sei ein Clown, sing in den Tag
Stell nicht manche blöde Frag,
Dann wirst du zufrieden sein

Panik – Mann

Als sich die Tür des Fahrstuhls schloss, war alles wie sonst auch. Ich wollte in die oberste, in die 26. Etage, weil ich dort ein wichtiges Gespräch mit meinem Vorgesetzten hatte. Ich wusste längst, worum es ging; ich sollte endlich befördert werden, verdiente danach rund das Doppelte von dem, was ich jetzt hatte. Und ich freute mich schon riesig, denn nun konnte ich mir den lang ersehnten Traumwagen leisten, der für sage und schreie zweihundertfünfzigtausend Scheinchen mein Eigen sein musste. Noch einmal checkte ich die Unterlagen und schaute kritisch an mir herunter. Ich fand, dass ich richtig gekleidet war und wusste, dass mir an diesem schönen optimistischen Tage alles gelingen würde. Ja, ich wusste es genau! Der Lift sauste leise seinem Ziele entgegen und ich schaute gelangweilt, wenngleich ein wenig aufgeregt auf die rot flimmernde Etagenanzeige. Plötzlich aber flackerte das Licht und der Lift ruckelte ganz merkwürdig. Noch nie hatte ich so etwas erlebt und wusste im ersten Moment gar nicht, was es sein konnte. Doch als dann das Licht gänzlich ausfiel und der Fahrstuhl mit einem heftigen Ruck stehenblieb, wusste ich, woran ich war. Nicht einmal meine Armbanduhr konnte ich erkennen, so dunkel war es um mich herum. Außerdem machte mir diese plötzliche Stille sehr zu schaffen, weil sie so unheimlich und irgendwie bedrohlich erschien. Aber ich hustete laut und dachte mir, dass es ganz sicher gleich weiter gehen würde. Doch es ging nicht weiter. Nicht ein Laut drang durch die metallenen Wände des dunklen Liftes und ich spürte, wie es mir so langsam warm wurde. Plötzlich flackerte das Licht erneut und, welche Freude, es wurde wieder hell um mich! Frohen Mutes wartete ich auf den mittlerweile vertrauten Ruck, der den engen Lift wieder in Bewegung setzte. Aber er kam nicht. Auch nach einer gefühlten halben Stunde kam er nicht. Es war still und es wurde immer wärmer. Auf einmal begannen sich die Fahrstuhlwände zu bewegen. Zunächst ganz langsam wurden sie dann immer schneller und kamen schließlich konsequent und bedrohlich auf mich zu. Aufgeregt lockerte ich meine Krawatte und öffnete den ersten Knopf meines Hemdes, dann den zweiten und dann den dritten ... Schweiß rann über meinen gesamten Leib und tropfte mir schließlich vom Kinn. Atemnot und heftiger Schwindel nahmen mir die Sinne! Was war nur los mit mir? Die abenteuerlichsten Dinge gingen mir durch den Kopf. Ich dachte an Herzinfarkt und Schlaganfall und an den Absturz des Liftes in die unbekannten Keller und Tiefen des Gebäudes. Ich sah mich sogar schon beim Teufel in der Hölle und die Stille schien mich erschlagen zu wollen. Meine Beine begannen zu zittern und ich rutschte an der Fahrstuhlwand, die mir irgendwie aufgeheizt erschien, herunter und setzte mich schließlich auf den Boden. Ängstlich starrte ich zur roten Anzeige hinauf, aber die war dunkel, zeigte gar nichts mehr an. Nicht weit vor mir lag ein Einkaufs-Bon. Ich nahm ihn und las: 1 Kilo Waschmittel, 3 Tafeln Schokolade ... meine Atmung, die eben noch hektisch war und schnell wurde langsamer und mein Herz schien sich etwas zu beruhigen. Mit geballten Fäusten trommelte ich gegen die Metallwände, die ein seltsam dumpfes Geräusch zurückwarfen. Doch es blieb still, nichts bewegte sich, gar nichts. Irgendwann entdeckte ich einen gelben Knopf mit der Aufschrift: Notsignal! Ich drückte ihn ... zehnmal, hundertmal, tausendmal, doch nichts geschah. Was konnte ich noch tun? Ich wusste es nicht, starrte auf meine zitternden Hände und wusste plötzlich, dass ich an Platzangst litt. Noch nie zuvor hatte ich so etwas je gespürt. Woher kam das nur? Hatte mich diese komische Situation in diese Ängste versetzt? Aber warum? Nie hatte ich Derartiges an mir festgestellt. Sonderbare Erlebnisse aus meinem Leben flogen mir durch den Kopf. Sogar Ereignisse aus der Kinderzeit stellten sich da ein. Ich musste grinsen, als ich mich auf meinem feuerroten Roller durch die engen Straßen meiner Heimatstadt fahren sah. Ach, wie glücklich ich damals noch war. Ich war so frei, so unendlich frei. Diese Unbeschwertheit schien mir über die Jahre irgendwie abhandengekommen zu sein. Ich hatte es wohl nicht bemerkt, aber mehr und mehr kam der verhängnisvolle Drang in mir hoch, jemand sein zu wollen und recht viel Geld zu machen. Nur ... wieso? Wofür tat ich das eigentlich? Für mich? Für die Familie? Hatten wir nicht längst genug? Ich dachte an die ewige Tretmühle, dieses Gefühl, stets mit dem Strom mit zu schwimmen und ja nicht unterzugehen dabei. Denn, wenn man einmal abtauchte, dann war doch alles vorbei ... oder? Plötzlich wusste ich, dass es gar nicht diese vermeintliche Platzangst war, die mir diese Schweißperlen aufs Gesicht zauberte, die mir Arme und Beine erzittern ließ, die mir solch ein verklärtes unbequemes Unwirklichkeitsgefühl bescherte, die mir Angst machte. Nein, es war diese Hatz nach etwas, das es gar nicht gab. Es war dieses unlebendige Leben, welches ich seit Jahren führte, von dem ich glaubte, es sei das wahre Leben. Jene Fragen, die ich nie beantworten konnte: Warum tu ich das? Wohin führt all das? Muss ich nicht noch viel mehr geben, wofür? All diese Fragen hatten auf einmal ihre Antwort erhalten. Sonderbar, aber mir wurde plötzlich

klar, dass ich ein falsches Leben führte, ein Leben, das so auf keinen Fall weiter gehen durfte. Irgendwann wäre diese Angst ohnehin gekommen. Irgendwann wäre ich umgefallen und hätte es wohl nicht mehr geschafft und dann wäre es vielleicht wesentlich schlimmer geworden als diesmal. Mein Zittern verschwand und auch die Schweißperlen auf der Stirn wurden weniger. Mir war egal, wie ich aussah, ob der Anzug nun leicht verschmutzt an mir klebte oder eben nicht. Ich hatte auf einmal keine Panik mehr. Alles war klar, sonnenklar sogar. Und ich wusste, wohin ich mein Leben ab jetzt, ab diesem einen Punkt in meinem Leben steuern musste. Ich wusste, dass ich endlich leben sollte und nicht stur und stupide ackern dufte bis ich umfiel und dann auch kein Hahn mehr nach mir krähte. Ich stand auf und lehnte mich grinsend an die metallene Fahrstuhlwand. Na sicher, jetzt war alles klar. Wohl hatte ich schon immer dieses Gefühl, diesen albernen Weg, diesen Zwang nicht länger mitzumachen, Aber ich wollte es nicht wahrhaben. In diesen Minuten der Angst, in diesem kleinen engen Raum, dieser winzigen Fahrstuhlkabine kam plötzlich alles aus mir heraus und dicke Tränen rannen mir übers Gesicht. Es waren Tränen, die ich seit vielen Jahren erfolgreich weggesteckt hatte, die ich mir wegbefohlen hatte. Sie durften nicht sein, nicht in einer Welt voller Kälte und Ignoranz. Und ich hätte mein Leben schon damals ändern können, wollte es nur nicht. Jetzt wollte ich und fühlte mich so unendlich frei, so frei, wie ich niemals war.
Ich holte meinen MP3 Player aus der Aktentasche, den ich für eventuelle Pausen stets mit mir trug, und doch nie benutzte, und hörte meine Lieblingsmusik. Immer wieder hörte ich die gleichen Songs und sang

sie einfach mit und es war ganz wunderbar. Ich lachte und fühlte mich … ja … glücklich!

Wie konnte man nur in einem viel zu engen Lift zwischen zwei Etagen so unendlich glücklich sein? Manchmal war es eben nicht die großzügige Beförderung und auch nicht der teure Luxuswagen und auch nicht die Villa am Stadtrand, manchmal war es der profane winzige düstere Platz in einem steckengebliebenen Lift, der die vermeintliche Erkenntnis brachte. Ich konnte es fast nicht glauben, aber es war alles real. Plötzlich gab es einen Ruck und der Lift bewegte sich. Eine Stimme meldete sich: „Warten Sie, gleich holen wir Sie heraus. Wollen Sie hoch oder runter?" Ich zögerte, meinte die Stimme wirklich mich? Und auf einmal wusste ich, was ich wollte. Noch einmal sah ich mich dort oben in der 26. Etage bei meinem Chef, der mich heute ganz sicher befördern würde und sah mich mit noch mehr Geld und noch mehr Arbeit meinen Super-Job brav ausführen. Und dann sagte ich laut und mit einem zufriedenen Lächeln in meinem nicht mehr ganz so jungen, aber sehr entschlossenen Gesicht:

Ich will nach unten!

Ängste

Ängste nagen in der Seele
Sie sind da und gehen nicht
Trocken liegt die durstig´ Kehle
Und es schmerzt in deiner Seele
Es ist Nacht, ganz ohne Licht

Fühlst dich von der Welt verstoßen,
die dich einst geliebt, gebraucht
Und zu eng sind deine Hosen
Deine Frau will keine Rosen
Jede Stund scheint arg geschlaucht

Ach, das Zittern kennt kein Ende
Wabert sich durch Leib und Hirn
Und es zittern Bein und Hände
Und es beben Haus und Wände
Und du lässt dich davon stör'n

Dabei ist´s doch gar nicht schwierig:
In der Nacht mach deine Augen zu
Doch am Tag bleib wissbegierig
Sei nach Glück und Liebe gierig
Denn dein Leib braucht keine Ruh

Klau den Jahren dir ein Lachen
Zieh hinaus in alle Welt
Lass das Zittern und das Knacken
Ja, du wirst es richtig machen
Weil du weißt, was wirklich zählt

Plätschert auch der Schweiß in Bächen
von der Stirn und auch vom Kinn,
darfst du dich dafür nicht rächen
Lass den Schweiß, den feuchten, frechen
Denn du lebst, nur das macht Sinn

Depri – Mann

Wenn die Angst dich umgibt, dann solltest du nicht aufgeben. Du hast sie gelebt, all die vielen Jahre und kanntest das auch schon. Doch dass es derart schlimm würde, das hast du nicht geahnt. Andere sind fröhlich und guter Dinge und können mit ihren Familien alles erleben, was Spaß macht. Urlaub, Spaß und Frohsinn, andere haben das, und du?
Jetzt scheint die Zeit still zu stehen und du kannst nicht mehr weiter machen. Du kommst auch nicht mehr weiter, weil dieses merkwürdige bösartige Gefühl droht, dich zu verschlingen. Es scheint keine Rettung mehr zu geben und es scheint nie wieder schön zu werden. Du bist am Ende und willst es dir nicht eingestehen, keine Sekunde. Und auf einmal stellen sich Gedanken ein, die du bisher stets erfolgreich verdrängtest. Du siehst die Klinik, die Klapse und willst da nicht hin. Du sträubst dich davor, weißt aber, dass es doch so ist. Und du stemmst dich dagegen, mit ganzer Kraft und mit allem, was du bist. Doch dann – ein Misserfolg – es gelingt dir nicht. Und du fällst zurück, zurück in eine ferne, ungeliebte Steinzeit. Du fällst zurück und glaubst, dein Leben stürzt in sich zusammen. Haltlos ruderst du nach allen Seiten, suchst nach Erklärungen vor den anderen Menschen, die das nicht verstehen. Und du schwitzt vor Angst und auch vor Sorge. Dunkle Schatten wabern wie düstere Nebel durch deine fiebernde Seele. Wie soll ich mein Leben denn noch schaffen, wenn ich nichts mehr schaffe? Diese Frage beherrscht fortan dein Sein. Es ist verrückt, aber alle Träume, alles, was du je erdacht und was du wolltest, ist ganz weit von dir entfernt. Dinge, die einst so normal gewesen, er-

scheinen plötzlich schwierig und einfach nicht zu schaffen. Du traust dir nichts mehr zu und träumst von Tod und von Verderben. Das Ende scheint greifbar nahe und du siehst dich bereits unterm Grabstein vermodern. Aber du kannst nicht loslassen, nicht loslassen von dem, was dich belastet. Du willst es nicht und musst es tun. Jeder Handgriff wird zur Qual und treibt dir die Hitze und die Röte ins Gesicht. Es strengt zu sehr an, du fühlst es ganz genau. Aber zugeben, nein, das willst du nicht. Und deine Ängste werden stärker und keiner ist da, mit dem du reden kannst. Die Isolation ist wie ein Käfig, der deine Seele in Fesseln in einem dunklen Verlies gefangen hält. Du kannst dich nicht mehr freuen, nur noch weinen, zu jeder noch so kurzen oder langen Stunde. Jene Fesseln drücken stark und sind derart fest an deinem Leibe, dass du sie nicht mehr abbekommst. Du leidest jeden Tag und auch jede Nacht und suchst nach Auswegen aus diesem Käfig. Du findest den Alkohol. Er gaukelt dir Freundschaft vor, kündet dir von baldiger Rettung uns der viel zu dunklen Hölle. Und du willst nur zu gern an all das glauben. Du nimmst ihn an und lebst mit ihm, tagein tagaus und fühlst dich besser, noch. Du findest Freunde, die dir sagen, dass sie dich mögen und sie trinken alle mit. Sie sind wohl alle schon verloren und haben diesen einen treuen Freund, der immer zu ihnen hält und immer bei ihnen ist, am Tag und in der Nacht. Dessen wohlklingende Stimme hält dich am Leben und hält dich wach, das Leben zu genießen. Aber dann, irgendwann, an einem Tag, an dem du niemals aufgestanden wärst, da verlässt er dich. Er lässt dich einfach sitzen, weil er keine Lust mehr auf dich hat. Und er weiß, dass du nicht ohne ihn mehr kannst. Er weiß das so gut und sicher, dass er einfach geht und grinst dabei. Sein Lachen hörst du am Tag und in der Nacht und willst nur noch, dass er zurückkommt und dann auch bleibt.

Und du trinkst und trinkst und stirbst und stirbst! Zitternd und frierend liegst du auf dem Boden herum, vom Alkohol schon lang vergessen und am Ende aller Zeiten. Keiner ist mehr da, der dir helfen könnte. Doch da ist noch jemand – deine Mutter vielleicht, Gott? Er stellt dich vor die Fragen: So wie bisher? Anders als sonst? Und nun ist es an dir, den neuen Weg zu begehen und das Alte hinter dir zurück zu lassen. Hör auf dein Herz und hör auf deine Seele, nicht auf den Teufel, der dir rät: Ach bleib doch noch ein wenig! Geh voran und fürchte dich nicht. Denn Gott wird dich begleiten, wenn du hart bist zu dir selbst und Verzicht zeigst, wenn du Disziplin zu dir selbst beweist und ein sündenfreies Leben lebst. Lerne an dir selbst und sei gewiss, dass du jemanden an deiner Seite haben wirst, wenn du es nur willst. Der Weg ist hart und steinig und es wird auch kein Spaziergang sein, Doch am Ende des Weges wirst du reich belohnt-mit deinem neuen Leben. Du wirst sie sehen, all die neuen Dinge, deine neuen Gefühle wirst du spüren und den Duft der Welt und jenes neuen Lebens wirst du schmecken. Aber du entscheidest, ob es so kommt. Und hab keine Angst vor Fehlern oder vor Rückschlägen, die da kommen. Es ist eben so, und es ist gut so, wie es ist. Denn dein sind das Leben, die Kraft und du selbst. Und die Ängste werden dich nicht töten, sie werden da sein, aber nicht mehr, um dich zu beherrschen. Sie werden mit dir leben, aber nur so weit, wie du es ertragen kannst. Es ist nicht leicht, aber es wartet etwas Wunderbares unschätzbar Wertvolles auf dich:

Der Glaube an dich selbst!

Mit Fuffzich

Irgendwann vorm Spiegel neulich
war´s mir gar nicht mehr erfreulich
Denn das Kinn hing schief darnieder
Und recht schlaff die Augenlider
Meine Laune ziemlich gräulich

Stellte mich ein bisschen schräge,
seitlich links und etwas träge,
an den Spiegel mit der Wange,
die schon bleich und ziemlich bange
Und bestaunt´ die Zahnbeläge

Doch der Schreck zog mir ins Herze
Und es gab so manchen Schmerze
Denn im Spiegel, diesem blöden,
sah ich mich, und musste beten
vor der dicken Altarkerze

Und so zog ich mit den Fingern
all die Falten, die da schlingern,
ganz nach hinten in den Nacken
Straffte meine Hinterbacken
Wollt das Alter so verhindern

Rieb arg Röte in die Wangen,
die bekanntlich stark gehangen
Lächelte ein ganz klein wenig
Und brillierte wie ein König
Strich mir sanft über die Flanken

Doch oh Graus und welche Schande
Viel zu fett schien mir die Flanke
Und der Speck rollte beharrlich
Auf die Hüften, gar nicht artig
Alles Glück verlief im Sande

Irgendwo, ziemlich weit unten,
in dem Slip, dem hässlich bunten,
hing was Kleines, Unbekanntes
Ungebraucht und fern des Landes
An dem Leib, dem ungesunden

Da am Po, da hat´s gewackelt
Und am Kinn hat´s auch geschnackelt
Und die Schenkel - viel zu knuffig
Doch was soll´s, wenn man schon Fuffzich
Selbst die Stirn erscheint verwackelt

Überhaupt, die lichten Haare
sind ergraut über die Jahre
Und die Nase ward zum Zinken
Selbst die Oberarme winken
Und die Füße? Gott bewahre!

Nein, da ist man nicht zufrieden
Solch ein Typ kann man nicht lieben
Ich sollt endlich mal trainieren
Muss die Pfunde jetzt verlieren
Und nicht üble Laune schieben

Und so kam das Fitnessstudio
Alles für ein neues Foto
Für den Spiegel, selbstverständlich
Alles Süße, das so schändlich,
kriegt der Hund mit Namen Bodo

Schaffte mich an Reck und Hantel
Passte bald in jeden Mantel
Aß nur Grünes, trank nur Wasser
Wurde zum Pralinenhasser
Die Figur war stark im Wandel

Doch nach zwanzig langen Wochen
kam ich nur noch angekrochen
Stellt mich vor den Spiegel wieder
Vor die Vase mit dem Flieder
Hätt´ jedoch mich fast erbrochen

Denn statt Fett, dass mich umringte,
und dem Oberarm, der winkte
Statt der Nase, der nicht schicken
und den Flanken, den zu dicken
Stand da jemand, der arg hinkte

Der zu dürr war und zu hager
Dessen Beine viel zu mager
Dessen Blick zu starr und trübe
Dessen Wangen – fad und öde
Dessen Kinn wohl auch kein Schlager

Da begriff ich voll Entsetzen
Nach dem Glück darf man nicht hetzen
Sollt den Tag wieder genießen
Und ihn nicht am Reck vermiesen
Mich mal auf ´ne Wiese setzen

Und so aß ich wieder Kuchen
Wollt manch Bonbon auch versuchen
Lachte wieder bei manch Witzen
Kam nicht mehr so sehr ins Schwitzen
Konnte wieder Glück verbuchen

Und vorm Spiegel schließlich neulich
War´s mir endlich mal erfreulich
Zwar hings Kinn noch arg darnieder
Und recht schlaff die Augenlider
Doch die Laune war nicht gräulich

Endlich auch Erotikträume
Die bislang nur düstre Schäume
Irgendwo war wieder Leben
In manch Slip schien es zu beben
Nicht mehr jenseits aller Freude

Ließ es endlich wieder krachen
Wollt mit Fuffzich noch was machen
Scheiß auf Schlankheit, zarte Flanken
Scheiß auch auf manch Wackelwangen
Endlich kann ich wieder lachen

Männer Leiden
Kerle schweigen

Er liebte den Wind – und wenn er so durch sein volles Haar streifte, dann begann er zu träumen. Es war wie der Hauch eines Engels, das ihn mit seinen weißen Flügeln umschwärmte. Ja, genau das liebte er sehr, umschwärmt zu werden. Doch sein Traum wurde immer wieder durch merkwürdige Zwischenrufe gestört: Jemand sang ständig mit ziemlich krächzender Stimme einen Song, den er nicht kannte. Dennoch verstand er die Worte, sie sangen immerzu eine Ziffer: 55! Erschrocken drehte er sich nach allen Seiten um, doch er konnte niemanden sehen. Stattdessen stand vor ihm eine wunderschöne Frau, schlank mit langen blonden und in einem unbekannten Windhauch wehenden Haaren. Sie lächelte ihn unentwegt an und flüsterte etwas – es hörte sich an wie: „Komm, lass uns in den Himmel fliegen." Und er beugte sich sanft zu ihrem kirschroten Mund herab und küsste sie liebevoll, so liebevoll, wie er wohl noch nie jemanden geküsst hatte. Verzückt schloss sie ihre Augen und fuhr mit ihren schlanken Fingern durch sein schwarzes Haar. Was für ein wunderschöner Tag, was für eine fantastische Stunde, welch eine sagenhafte Sekunde – so etwas wollte er immer wieder erleben. Und doch war da dieses ferne Lied, welches ständig seine Gefühle zu stören begann. Dennoch war da keiner außer diese wunderschöne junge Frau und er. Etwas krabbelte an seiner Stirn – war sie das – oder was? Das Krabbeln verlagerte sich und schließlich juckte es ganz merkwürdig an seinem Kinn. Als er mit seinen Fingern danach tastete, war da nichts, nur mehrere Schweißperlen verliefen sich am unteren Rand seines Gesichts. Hatte diese schöne Frau etwas davon bemerkt? Doch sie hatte ihre Augen geschlossen und küsste ihn immer wieder ganz sanft auf Wangen und Augen. Plötzlich spürte er, dass eine sonderbare Hitze in ihm emporkroch! Wo kam die nur her? Sicher auch von dieser tollen Frau, woher sonst? Die vermeintliche Hitze wurde immer unerträglicher und war kaum noch auszuhalten! Jetzt verspürte er auch noch den unerklärbaren Drang, nach Luft schnappen zu müssen, ein Fluchtinstinkt packte ihn in Herz und Seele – ja, wieso nur? Er konnte sich das alles nicht erklären – und während er sich mehr und mehr verkrampfte, nach einer Erklärung suchte, wurden die Gefühle immer unerträglicher. Es kam so, wie es nie kommen durfte: Er hustete und wischte sich mit einer flotten Handbewegung den immer intensiver fließenden Schweiß aus seinem Gesicht. Entschlossen trat er einen Schritt zurück und fand sich auf einmal in einer Nebelwolke aus dichten weißen Wasser-Tröpfchen wieder! Immer mehr Wasser bildete sich und er konnte schon nichts mehr erkennen, da verschwand auch diese wunderschöne junge Frau – sie löste sich einfach auf in diesem unsäglich feuchten Nebel! Schließlich war da nur noch er und diese fremde Stimme, die ihm doch nicht so fremd erschien. Die Stimme wurde lauter und lauter und dann verstand er die Worte! Sie sangen nicht mehr, sie brüllten immerfort die gleichen Worte: „Paul, wach endlich auf! Was ist denn nur mit dir!" Erschrocken und ertappt fuhr er herum! Hinter ihm stand ein altes hässliches Weib, welches hexengleich immer wieder diese unheiligen Sätze daher keifte. Schon spürte er, wie der Schweiß ihm aus allen Poren drang, sein Herz raste und alle Gedanken schlugen Purzelbäume! Keine Spur mehr von dieser jungen Frau, die ihn eben noch betörte. Keine Spur mehr von diesem wundervollen

Gefühl der Erfülltheit, der Liebe und der Kraft – er fühlte sich schwächer und schwächer und merkte entsetzt, wie ihm die Beine wegbrachen. Sie schienen wie Gummi und sein Atem pumpte immer noch mehr Schweiß auf seinen bebenden Körper. Musste er nun sterben?

Irgendetwas hielt ihn fest, umfasste seinen Leib und rüttelte ihn schließlich recht heftig. „Paul, was hast du! Was ist mit dir?!" Blitzartig fuhr er herum und riss seine Augen auf! Und dann kehrten auch seine verirrten Gedanken wieder zurück, ordneten sich im Handumdrehen und erklärten ihm die Situation. Er lag im Bett neben seiner Frau Else. Erleichtert atmete er tief ein und dann wieder aus – auch sein Herz schlug ganz normal, vielleicht ein wenig schnell, aber das war nicht mehr so schlimm. Vermutlich hatte er alles nur geträumt. Nur sein Kopfkissen zeugte noch von den heftigen Schweißausbrüchen eben noch. Alles versank in den Tiefen seiner Albträume und verschwand in einer düsteren Nebelwolke, die sich urplötzlich im Nichts auflöste.

Die beiden standen auf, er machte Kaffee, einen richtig starken – und er war froh, dass es so war. Nichts hatte sich geändert, er war noch derselbe wie einst, Else war da und sie waren froh, einander zu haben. Wozu diese junge schöne Frau, die er dennoch nicht vergessen konnte – und wollte. Und als er wenig später in den Spiegel im Badezimmer blickte, erkannte er sich wieder. Ja, es war ganz wundervoll, er war es tatsächlich noch und er war kein bisschen anders. Er war nur eben ein bisschen älter geworden, weiser auch, vielleicht auch reifer, vielleicht. Und im lauwarmen Dunst des Badezimmers formte sich eine seltsame Zahl auf dem Spiegel: 55! Da wusste er, was all das zu bedeuten hatte. Er war ein Jahr älter geworden – und er nahm sich vor, sich ab sofort nicht mehr dagegen zu wehren. Denn eines war da noch, was ihm geblieben war, was ihm die Sicherheit gab, dass er noch alles ausprobieren und machen konnte: Es war sein wunderbares, einzigartiges Leben – es war da und es war gut so! Ja, er war eben ein richtiger Kerl!

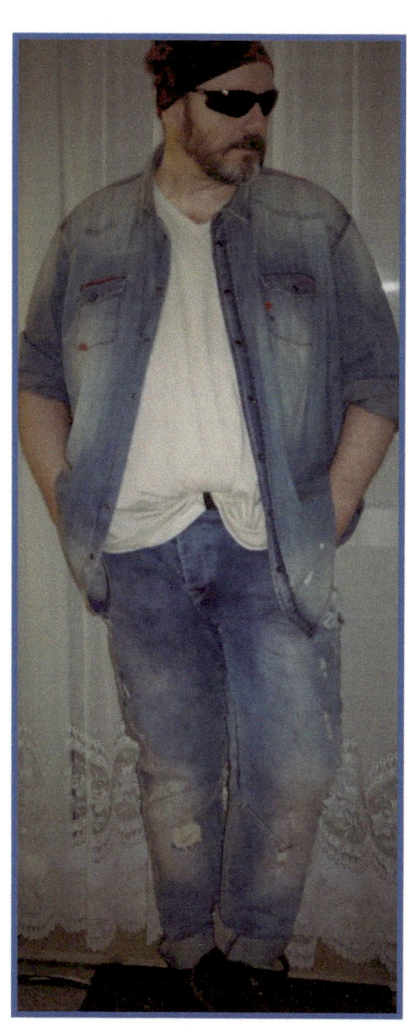

Was tut ein echter Kerl?

*D*u bist ein eisenharter Kerl, das starke Geschlecht, hast Deine Macken, Deine Ziele und Deine Träume! Doch manchmal weißt Du dennoch nicht, was Du tun sollst? Hier ein paar Tipps:

Frauen – Kosmetik	Benutze sie, damit Du auch gepflegter und besser aussiehst. Du musst es Deiner Frau nicht sagen, denn sie ahnt längst, dass es so ist.
Aftershave & Duschgel	Verwende davon nur ausgewählte Produkte, die dezent duften. Auf keinen Fall: Blütendüfte oder Damen-Parfum! Nutze ein herbes, trockenes Produkt, welches bei Frauen eine gewisse sexuelle Reaktion [auch Hingabe] erzeugen könnten. Unter Jeans wirken herbe Aftershaves sehr anregend und männlich. Unter Lederbekleidung wirkt ein Moschus-Duft betörend. ACHTUNG: Von allen Produkten nur wenig verwenden – es könnte sonst aufdringlich und plump wirken.
Graue Haare auszupfen	Bleibe dabei und tu es weiterhin. Es wird Dich ohnehin stören, dass Du nun grau

	wirst. Allerdings musst Du wissen, dass graue Haare interessant wirken. Du solltest sie also irgendwann einfach wachsen lassen. Deine Frau findet Dich so noch interessanter.
Ring im Ohr	Showobjekt! Probiere, wie Deine Chancen anderen Frauen gegenüberstehen. Dieser Ring macht Dich auf jeden Fall flott und jugendlich. Er drückt Deine Lebenshaltung aus – eben jung und agil! Probiere viele Ohrclips-Modelle aus.
Bart stehen lassen	Drückt Männlichkeit und Eitelkeit aus. Dadurch werden Sie unwiderstehlich und die Frauen werden Dich lieben! Probiere mehrere Barttypen aus und finde heraus, wie andere darauf reagieren. Du wirst sehen: Es wird ein großer Erfolg!
Tätowierungen	Lasse Dich tätowieren, denn das wirkt unheimlich cool. Denk Dir ein tolles Motiv aus und trage dann Kleidung, bei der man die Tätowierungen gut erkennen kann. Teste aus, welche und

	wie viele Tätowierungen für das Selbstbewusstsein nötig sind. Auch das wird ein großer Erfolg.
Einkaufen gehen	Zeig Deiner Frau, dass Du sie liebst und ihr helfen willst. Bitte sie darum, einkaufen zu gehen. Tu dies in verschiedenen Abschnittsperioden. Du wirst sehen, dass Dich Deine Frau mit ganz neuen Augen sehen wird. Zeig Dich agil und wendig, bring ihr ab und an Blumen mit, denn das mögen Frauen sehr. Bedenke auch: Je öfter Du einkaufen gehst und Du dabei neue Einfälle einfließen lässt, umso öfter darfst Du in die Garage oder in Deinen Garten, um Dich Deinen Leidenschaften hinzugeben.
Mutproben	Sei bei der Geburt Deiner Kinder dabei. Ertrage die Leiden Deiner Frau und erlebe mit ihr zusammen den schönsten Moment im Leben, wenn das Kind geboren ist. Du wirst dann begreifen, dass Du Deine Frau und sogar Dein eigenes Leben mit ganz anderen Augen

	sehen wirst. Das wird Dich bereichern und stark machen. Tu es!
Peinliche Situationen	Meistere sie, in dem Du ein stahlharter Kerl bist! Sei cool und verständig und mache keinesfalls ein Drama aus den Ereignissen. Leugne nicht zu viel, denn die Wahrheit kommt schnell auf den Tisch. Gebe zu, wenn etwas schiefgelaufen ist. Das macht überlegen und weise. Zeig Dich stets einsichtig und lüge nicht. Peinlichkeiten meistert man mit Härte und männlicher Selbstdisziplin! Daraus erwächst schließlich Stolz und Offenheit.
Lügen	Im Notfall darfst Du schon mal lügen. Doch bedenke, dass Lügen oftmals schnell enttarnt werden. Dann ist Deine Männlichkeit in Gefahr! Gebe also zu, wenn etwas geschehen ist und vermeide es, zu lügen. Deine Frau wird Dich für Deine Aufrichtigkeit lieben. Für Deine Frau allerdings darfst Du jederzeit eine Lüge verwenden, denn das schweißt

	zusammen und festigt Deine Ehe. Du wirst als Ehe-Retter von Deiner Frau noch mehr verehrt. Vermeide es auch, in der Öffentlichkeit über diverse Unklarheiten zu tratschen – ein Mann tut das nicht, zeigt vielmehr Härte und ein cooles Image.
Geburt des Sohnes	Verkünde ganz offen Deinen Stolz, sieh zu, dass er so wird wie Du und mache einen stahlharten Kerl aus ihm.
Geburt der Tochter	Lass den neu aufkommenden Beschützerinstinkt in Dir wirken. Behüte sie, um Deiner Frau zu zeigen, dass Du Frauen magst, achtest und verteidigst. Auch das verdeutlicht, dass Du ein echter Kerl bist!

Solltest Du weitere Vorschläge zu bestimmten Punkten haben, dann schreibe uns einfach.

Schlusswort

Es mag sich vielleicht seltsam anhören, aber ein Klimakterium ist ganz sicher nicht das Ende der Welt! Es kann sogar einen Neuanfang in sich bergen, vielleicht auch verbergen, mag sein! In jedem Fall aber ist es eine Chance. Möglicherweise eine Chance, die das Leben gibt. Ein Mann bleibt in jedem Fall ein Mann! Und wir Männer müssen es wissen, was uns so ausmacht, logisch! Wir sind halt nun einmal so: Autonarren, Fußballfans und Frauenliebhaber! Das wird immer so bleiben. Und was einen echten Kerl ausmacht, wissen wir schließlich ganz genau. Ein echter Kerl erträgt alles, was so passiert, das Gute und das Schlechte! Und geht dann doch mal was daneben, dann packen wir es eben an, weil wir eben nun einmal hart im Nehmen sind!
Wir teilen uns auf in die unterschiedlichsten Typen, sind verletzlich und doch durchsetzungsvermögend. Wir sind charmant und kernig, froh und manchmal auch mürrisch. Wir lieben Frauen, unsere Kinder, unsere stillen Stunden irgendwo da draußen und reden Klartext. Wir sind verständig und zielorientiert, flott und immer auf dem Laufenden. Da kann es gar nicht passieren, dass uns Schweißattacken oder Panikzustände, Atemlosigkeit und Depressionen aus irgendeiner Bahn werfen. Das gibt's nicht, denn unsere Hormone sind stabil und stark! Das ist schon Jahrmillionen so, immerhin mussten unsere Vorfahren die Sippe und den Stamm gegen feindliche Bedrohungen durchbringen. Wir können Kriege führen und Kanonen beladen, Flugzeuge fliegen und Schiffe manövrieren – ja, das konnten wir schon vor den Frauen, denen wir das später großzügiger weise gelehrt haben. Und das mit dem Klimakterium war noch nie ein Hindernis für uns. Ja, wenn's zu heiß wird, lassen wir die Jacke lässig auf, auch bei Minusgraden. Und wenn der Schweiß rinnt, dass wischen wir ihn eben

weg! Das ist ja kein Problem. Wir sind schnell entschlossen und wissen uns stets zu helfen. Warum also dann von einem Klimakterium reden, wieso? Wir wollen schließlich nicht bedauert werden, wozu auch? Uns fehlt ja nichts! Und deswegen belassen wir es auch dabei. Und wir reden ab sofort auch niemals wieder davon.

Ehrensache!